AF373187

गड़बड़झाला

(चुटीली कुण्डलियाँ)

प्रणेता

विश्वकीर्तिमानक

डॉ. ओम् जोशी

Delhi-110089, India

प्रथम संस्करण : 2022
ISBN : 978-93-90889-49-5

मूल्य : 100 /-

© संबंधित रचनाकार के अधीन
अक्षरांकनः डॉ. वन्दना जोशी
गड़बड़झाला : चुटीली कुण्डलियाँ

प्रणेता
विश्वकीर्तिमानक
डॉ. ओम् जोशी

Gadbadjhala (Chuteelee Kundliyan)
By : World Record Holder
Dr. Om Joshi

मुखपृष्ठ : विश्वकीर्तिमानक
डॉ. देवेन्द्र शर्मा

Published by
PRAKHAR GOONJ PUBLICATION

Delhi - 110089

E-mail : prakhargoonj@gmail.com
         sinha.neelu123@gmail.com

011-42635077, 7982710571, 7838505899

web : **prakhargoonjpublications.com**

इस पुस्तक के किसी भी हिस्से को प्रकाशक अथवा लेखक की पूर्व अनुमति के बिना इलेक्ट्रॉनिक अथवा किसी अन्य माध्यम द्वारा पुनः प्राप्ति समेत किसी भी रूप मे प्रतिलिपिकृत, अनूदित अथवा संग्रहीत नहीं किया जा सकता है और न ही किसी भी रूप में अथवा किसी भी माध्य से इसे प्रसारित किया जा सकता है। ऐसा किए जाने पर सम्बंधित के विरुद्ध कानूनी कार्यवाही की जा सकती है।

सादर समर्पण...

निर्मल भाभी जैसी श्रीमती निर्मला भाभीजी,
अनन्य अग्रज, संगीतज्ञ
श्रीयुत ललित महन्तजी को...
जिनके विशिष्टतम आत्मीय उपकारों को
'त्रिकाल' में भी विस्मृत किया ही नहीं जा
सकता।

श्रीः

गड़बड़झाला : चुटीली कुण्डलियाँ

परम आत्मीय शिष्य मुक्तक नरेश का मेरे निवास पर विगत कई वर्षों से आना जाना है। वे मेरी 'रचनाधर्मिता' से सर्वाधिक प्रभावित हैं और मन्त्रमुग्ध भी। वे 'उज्जयिनी' से जब भी कभी मेरे आवास 'काव्याकाश' आते हैं, तो 'सजलनयन' हो ही जाते हैं। उनकी भावुकता निश्छलता का निरभ्र आकाश छूने लगती है। आते ही वे मुझे और मेरी श्रीमती डॉ. वन्दना को सादर दण्डवत् प्रणाम करते हैं और मेरे 'इन्द्रधनुषी' साधना कक्ष और पुस्तकालय में पहुँच काव्य/शास्त्र चर्चा करने में निमग्न हो जाते हैं। उनका ऐसा भावमग्न रहना मुझे बहुत बहुत प्रभावित करता रहता है।

पिछले दिनों जब.. वे मेरे आवास **'काव्याकाश'** पधारे, तो प्रकाशनार्थ सुसज्जित 'भारत से अनुराग', निर्धारित कर्तव्य' और 'सर्वसुखद परिणाम' जैसे दोहा संग्रहों, 'आचार्य देवो भव' जैसे मुक्तक संग्रह, 'अथ अफ़सर महिमा', 'अथ बाबूशाही' और 'गड़बड़झाला' जैसे हास्यप्रधान कुण्डली संग्रहों तथा 'अनुपम रामायण' जैसे मुक्तक प्रबन्धकाव्य और अन्यान्य प्रकाश्य रचनाओं को देख वे हतप्रभ से रह गए। माता 'सरस्वती' के इस कृपावर्षण से वे आनन्दनिमग्न थे। इन उपर्युक्त और अभूतपूर्व ग्रन्थरत्नों के वे क्रमशः पन्ने पलटने लगे और स्वतः ही 'अभिभूत' भी हो गए। तभी..उनकी भावुकता और भी बढ़ गई और वे तत्क्षण कहने लगे – 'महामहिम गुरुदेव ! आपकी 'रचनाधर्मिता' अनुपमेय से भी अनुपमेय है और 'सम्प्रेरक' भी। अन्यान्य रचनाओं के अतिरिक्त आठ सौ बावन पृष्ठों में उपनिबद्ध **'अनुपम रामायण'** नामक मुक्तक प्रबन्धकाव्य की पाण्डुलिपि के समक्ष तो मैं सर्वथा सर्वथा निःशब्द हूँ। वैसे ही आप **'विश्वकीर्तिमानक'** साहित्यधर्मी

हैं। चुटीली कुण्डलियों पर केन्द्रित प्रस्तुत रचना **'गड़बड़झाला'** मुझे बहुत प्रभावित कर रही है। मैं इस कृति विशेष पर सारगर्भित, किन्तु, संक्षिप्त 'भूमिका' प्रस्तुत करना चाहता हूँ। यदि, आपका आदेश हो और आपकी सम्मति भी हो, तो..।'

'मुक्तक नरेश ! आपके इस निश्छल मनोभाव और हृदयोद्गार से मैं वस्तुतः प्रसन्न हूँ और प्रमुदित हूँ ही। आप इस रचना विशेष को अभी आज ही ले जाएँ और अधिक से अधिक एक सप्ताह की समयावधि में इसकी 'भूमिका' मुझ तक पहुँचा ही दें।'

'अवश्यमेव..गुरुदेव! आपने **'गड़बड़झाला'** की भूमिका विरचने के लिए मुझे योग्य समझा, एतदर्थ प्रणाम।'

तदनन्तर मुक्तक नरेश 'काव्यशास्त्रविनोद' के उपरान्त जलपान कर हम दोनों को सादर प्रणाम करके 'उज्जयिनी' प्रस्थित हो गए।

चौथे दिन ही डाकिया मुक्तक नरेश द्वारा प्रेषित एक डाक विशेष मेरे निवास पर ले आया। उसमें **'गड़बड़झाला'** रचना की चुटीली कुण्डलियों पर केन्द्रित 'भूमिका' विशेष देख/पढ़ मैं पुलकित पुलकित हो उठा। वह संक्षिप्त, किन्तु, महत्त्वपूर्ण और सारगर्भित **भूमिका** प्रिय पाठकों के लिए ज्यों की त्यों प्रस्तुत है।

छः लाख से भी अधिक मानक से भी मानक दोहे, पचास हज़ार से भी अधिक मौलिक और अनुपम मुक्तक, एक हज़ार से भी अधिक भावपूर्ण कुण्डलियों और एक हज़ार से भी अधिक सम्मोहक बालगीतों के प्रणेता **'विश्वकीर्तिमानक'** डॉ. ओम् जोशी ने यूँ तो सैकड़ों अद्भुत से भी अद्भुत ग्रन्थरत्नों की रचना की है। इनमें भी सत्ताईस पुस्तकें तो प्रकाशित हैं और बीसियों पुस्तकें शीघ्र ही प्रकाशन की ओर।

किसी भी रचनाधर्मी के लिए व्यंग्य और हास्य को एक साथ प्रस्तुत करना असम्भव को सम्भव कर दिखाना है और माननीय **डॉ. ओम् जोशीजी** ने इस असम्भव को सम्भव कर दिखाया है। आपकी **'नेता भारी अवसरवादी'** रचना विशेष, सोलह मात्राओंवाले मुक्तकों पर केन्द्रित और प्रकाशित ऐसी हास्य व्यंग्य

प्रधान कृति है, जो, किसी भी पाठक के अधरों पर मुसकान बिखेरने, उसे पुलकित करने और उसे आश्चर्यमग्न करने में 'सर्वसमर्थ' है। चुटीली कुण्डलियों से अलंकृत बाबुओं पर केन्द्रित आपकी एक अन्य हास्यप्रधान रचना **'अथ बाबूशाही'** भी पाठकों को उन्मुक्त हास्य के लिए विवश कर ही देती है और मनोरंजन के लिए आकर्षित भी। यह रचना भी प्रकाशित है। अधिकारियों से सन्दर्भित आपकी **'अथ अफ़सर महिमा'** भी इसी श्रेणी की अद्भुत मनोरंजक रचना है और शीघ्र ही प्रकाशन के पथ पर अग्रसर है।

प्रस्तुत आलोच्य कृति **'गड़बड़झाला'** हिन्दी पद्य विधा की 'कुण्डली' शैली में उपनिबद्ध मनोरंजक रचनाओं का अपूर्व और अभूतपूर्व संग्रह विशेष है। **'गड़बड़झाला'** में हास्य और व्यंग्यपरक एक सौ इक्यावन अद्भुत कुण्डलियाँ हैं। इन कुण्डलियों के शीर्षक भी किसी भी पाठक को सम्मोहित करने में निश्चित सर्वसमर्थ हैं। जैसे – रिश्वत का पानी, दुर्बल दूल्हा, भंग का गोला, चोलीवाला गीत, पद की लीला, नेता क्यों मोटे?, सनका थानेदार, पत्नी की माया, गधे का बाप, कुर्सी का रोग और 'गब्बर के शोले' इत्यादि। **'गड़बड़झाला'** की प्रत्येक 'कुण्डली' चुटीली भी है, मनोरंजक भी है, मज़ेदार भी है और दमदार तो है ही। **'खिलौना कार'** शीर्षक से विरचित एक कुण्डली अवश्यमेव द्रष्टव्य –

मण्डप में 'वर' ने कहा – 'दो दहेज में कार।
वरना.. उजड़ेगा अभी, मेरा घर संसार।।
मेरा घर संसार, ससुरजी ! आप बसाएँ।
मानूँगा आभार, प्रतिष्ठा नहीं मिटाएँ'।।
कह जोशी कविराय – 'सास खिल खिल मुसकाई।
नई खिलौना कार, तभी.. वह ले ही आई'।।

दोहा और रोला इन दो छन्दों के विशिष्टातिविशिष्ट शब्द और काव्य संयोजन से 'कुण्डली' छन्द निष्पन्न है, रूपायित है। समर्थ से भी समर्थ 'रचनाकार' ही ईश्वर प्रदत्त अपनी अपूर्व 'काव्यशक्ति' के माध्यम से ही मानक कुण्डलियाँ विरच सकता है। **'ज़िद'** शीर्षक से विरचित एक कुण्डली

कितनी दृश्यात्मक और प्रभावोत्पादक है ! यह तो देखिए –

जब.. पत्नी ज़िद पर अड़ी, 'शोकमग्न' भर्तार।
गले गले कर्ज़ा उठा, लाया 'महँगी' कार।।
लाया 'महँगी' कार, सुहाना मौसम छाया।
ख़ुशियों का अम्बार, ग़ज़ब यह अवसर आया।।
कह जोशी कविराय – 'धर्मपत्नी मुसकाई।
लेकर चल दी कार, गधे से जा टकराई'।।

कुण्डली छन्द में कुल एक सौ चवालीस मात्राएँ होती हैं और 'कुण्डली' का स्वरूप ही वस्तुतः ऐसा होता है, जैसे कोई 'महासर्प' कुण्डली मार ही बैठा हो। नीति, अध्यात्म, उपदेश ही नहीं, अपितु, सामाजिक विद्रूपता, हास्य, व्यंग्य, प्रणय, मनोरंजन आदि पर भी केन्द्रित हो सकती हैं – कुण्डलियाँ। **'गब्बर के शोले'** शीर्षक से प्रस्तुत एक अन्य कुण्डली कितनी हास्यप्रधान है! इसकी तो परिकल्पना की ही जा सकती है –

'पैर कब्र में, पर, मुझे, नहीं दिया आराम'।
दादी ने रोकर कहा – 'दुख में डूबी शाम।।
दुख में डूबी शाम, व्यथा यह किसे सुनाना?
समझो.. मेरे राम ! मुझे अब..'काशी' जाना'।।
कह जोशी कविराय – 'हँसे, फिर.. 'दादा' बोले।
'चलो देखने आज, फ़िल्म गब्बर के शोले'।।

इस प्रकार मेरे गुरुवर्य **'विश्वकीर्तिमानक'** डॉ. ओमू जोशी की प्रस्तुत रचना **'गड़बड़झाला'** की समस्त कुण्डलियाँ उन्मुक्त हास्य की इन्द्रधनुषी छटाओं से सम्पृक्त हैं, सुसज्जित हैं और छान्दसी अवधारणा की कसौटी पर विद्युतीय स्वर्णरेखाओं जैसी समुज्ज्वल से भी समुज्ज्वल भी हैं।

मैं बहुत विश्वास ही नहीं, अपितु, समग्र समग्र विश्वसनीयता से यह कह सकता हूँ कि ये सभी एक सौ इक्यावन कुण्डलियाँ हास्यप्रधान हैं, चुटीली हैं, मनमोहक हैं, अपूर्व हैं, अभूतपूर्व हैं,

हृदयावर्जक हैं और दृश्यात्मक तो हैं ही, साथ ही साथ किसी भी असहज, विचलित और दुखी **'काव्यानुरागी'** व्यक्ति के हृदय में सहजता, उन्मुक्तता, हास्य और आनन्द का अद्भुत से भी अद्भुत संचार करने में 'सर्वसमर्थ' भी। एक बात और.. कुण्डली की छान्दसी अवधारणा को **डॉ. ओम् जोशी** ने पारम्परिक रूप में भी स्वीकारा है, हृदयंगम किया है और इसे समानान्तरतः परिशोधित कर अकल्पनीय नूतन स्वरूप भी प्रदान किया है। डॉ. जोशी का समग्र कुण्डली संसार ही ऐसा चमत्कारिक है।

श्रीशुभमम्,

<table>
<tr><td>

विश्व हिन्दी दिवस,

सोमवार, १० जनवरी २०२२

</td><td align="right">

शुभेच्छु

मुक्तक नरेश,

उज्जयिनी, मध्यप्रदेश

</td></tr>
</table>

श्रीः

गड़बड़झाला

(चुटीली कुण्डलियाँ)

▣ ▣ ▣ ▣ ▣

१. बात 'नवयुग' की

भ्रष्टाचारी   अतिमुदित, कर नित शिष्टाचार।
नेताजी को झट मिले, बड़े बड़े उपहार।।
बड़े बड़े उपहार, देख 'नेता' मुसकाए।
बोले – 'अबकी बार, 'नोट' सब कम क्यों लाए?'
कह जोशी कविराय – 'कहानी कितनी प्यारी!
तुम भी समझो, मित्र ! बात 'नवयुग' की सारी'।।

२. बोला तोता

'राजनीति ने 'धर्म' का, जब से पकड़ा हाथ।
सरकारें गिरने लगीं, बड़ा विकट यह साथ।।
बड़ा विकट यह साथ, सभी को विस्मय भारी।
सचमुच घोर अनाथ, 'प्रजा' नेता से हारी'।।
कह जोशी कविराय – 'डाल से बोला तोता।
'अतिविचित्र यह बात, सुनें 'कलयुग' के श्रोता'।।

३. खिलौना कार

मण्डप में 'वर' ने कहा – 'दो दहेज में कार।
वरना.. उजड़ेगा अभी, मेरा घर संसार।।
मेरा घर संसार, ससुरजी ! आप बसाएँ।
मानूँगा आभार, प्रतिष्ठा नहीं मिटाएँ'।।
कह जोशी कविराय – 'सास खिल खिल मुसकाई।
नई खिलौना कार, तभी.. वह ले ही आई'।।

४. लोकतन्त्र की नाव

जनता डूबी कष्ट में, महँगाई घनघोर।
भारत जैसे देश में, अगणित 'नेता' चोर।।
अगणित 'नेता' चोर, हड़पकर धन निर्धन का।
करते सबको 'बोर', मज़ा लेते जीवन का।।
कह जोशी कविराय – 'मगज़ में चिन्ता भारी।
लोकतन्त्र की नाव, भँवर में फँसी बिचारी'।।

५. रिश्वत का पानी

नित्य व्यर्थ ही बह रहा, पानी चारों ओर।
पर, पानी की बचत का, सकल विश्व में शोर।।
सकल विश्व में शोर, देश में 'सूखा' छाया।
फैल रही घनघोर, 'साब' की गज सम काया।।
कह जोशी कविराय – 'सुनो अब.. नई कहानी।
साहब पीते ख़ूब, रोज़ 'रिश्वत' का पानी'।।

६. राजनीतिक यह माया

आज 'राम' के देश में, रावण के अवतार।
अनाचार नित कर रहे, अतिचिन्तित सरकार।।
अतिचिन्तित सरकार, देश पर संकट छाया।
है 'विचित्रतम', यार ! राजनीतिक यह माया।।
कह जोशी कविराय - 'किसे चिन्ता 'भारत' की ?
सेंक रहे जब.. लोग, रोटियाँ निज स्वारथ की'।।

७. ज़िद

जब.. पत्नी ज़िद पर अड़ी, 'शोकमग्न' भर्तार।
गले गले क़र्ज़ा उठा, लाया 'महँगी' कार।।
लाया 'महँगी' कार, सुहाना मौसम छाया।
खुशियों का अम्बार, ग़ज़ब यह अवसर आया।।
कह जोशी कविराय - 'धर्मपत्नी मुसकाई।
लेकर चल दी कार, गधे से जा टकराई'।।

८. प्रकरण गम्भीर

बाबूजी रोए बहुत, था 'प्रकरण' गम्भीर।
हँसमुख 'पत्नी' ने सुबह, खाई सारी खीर।।
खाई सारी खीर, बचाई सूखी रोटी।
खुद को समझे पीर, करम से पत्नी खोटी।।
कह जोशी कविराय - 'सभी घर यही कहानी।
प्रिया पिलाती ख़ूब, 'पिया' को प्रतिदिन पानी'।।

९. अँगूठा छाप

मापदण्ड दुहरे हुए, खण्डित मन विश्वास।
नैतिकता दुख में बहुत, बदले अपने ख़ास।।
बदले अपने ख़ास, व्यर्थ कितने घोटाले!
धूमिल सारी आस, हृदय में विष के भाले'।।
कह जोशी कविराय – 'प्रकम्पित 'भारतमाता'।
घोर अँगूठा छाप, देश के भाग्यविधाता'।।

१०. व्यर्थ विवाद

गुरु/चेलों में ठन गई, 'मठ' में व्यर्थ विवाद!
लछमी ही कारण बनी, सड़कों पर संवाद।।
सड़कों पर संवाद, चकित 'जनता' शरमाई।
मिली ग़ज़ब की दाद, ख़बर पेपर में आई।।
कह जोशी कविराय – 'कौन, किसको समझाए?
लछमी देख अकूत, सभी का मन ललचाए'।।

११. दुर्बल दूल्हा

मरियल घोड़े पर चढ़ा, दुर्बल 'दूल्हा' आज।
झोल चढ़ा पहना कड़ा, साफा था ज्यों ताज।।
साफा था ज्यों ताज, पटाखे भड़भड़ फूटे।
कम्पित सभ्य समाज, अचानक छक्के छूटे।।
कह जोशी कविराय – 'दृश्य कितना मतवाला!
मन को यह आभास, पी रखी जैसे हाला'।।

१२. प्रस्ताव

लछमी की नदिया बही, 'मन्त्रीजी' के द्वार।
तब.. पत्नी ने हँस कहा – 'चलो समन्दर पार।।
चलो समन्दर पार, मज़ा आएगा भारी।
देख विदेशी कार, बढ़ेगी खुशी हमारी'।।
कह जोशी कविराय – 'तुरत 'मन्त्री' मुसकाए।
बोले – 'यह प्रस्ताव, 'सदन' में लाया जाए'।।

१३. मेरे घर ताला

साले से बोले तुरत, 'दुखी' बड़े दामाद।
'तुमको तो आती नहीं, कभी.. हमारी याद।।
कभी.. हमारी याद करो, भेजो आमन्त्रण।
अब.. तो बरसों बाद, हृदय से कर ही लो प्रण'।।
कह जोशी कविराय – 'सोच तब.. गरजा साला।
'पत्नी 'पीहर' आज, लगा मेरे घर ताला'।।

१४. भंग का गोला

दारू पी औंधे हुए, सनके थानेदार।
'रोज़ डकैती/चोरियाँ, लूटपाट हर द्वार।।
लूटपाट हर द्वार, तुरत चोरों को पकड़ो।
बांधो नंगे तार, सीख़चों में झट जकड़ो'।।
कह जोशी कविराय – 'तभी.. 'अपराधी' बोला।
चलो हमारे साथ, भंग का गटको गोला'।।

१५. मन्त्रीजी का कोप

कम 'रिश्वत' खाई, मगर, ज़्यादा का आरोप।
तपते सूरज सा प्रखर, मन्त्रीजी का कोप।।
मन्त्रीजी का कोप, सहायक कम्पित सारे।
जैसे छूटे तोप, शत्रुदल को संहारे।।
कह जोशी कविराय – 'सदन में वे चिल्लाए।
'हम पर पहली बार, किसी ने 'नोट' उड़ाए'।।

१६. विकट यह नाटक

तिलक लगा 'पण्डित' बने, कौशल्या का बाप।
भक्तिभाव कितना रचे ! मन में अगणित पाप।।
मन में अगणित पाप, हमेशा 'घुन्ना' भारी।
करे 'कृष्ण' का जाप, फिराता माला सारी।।
कह जोशी कविराय – 'विकट यह नाटक, भैया !
इससे डगमग नित्य, सुखद जीवन की नैया'।।

१७. आम चुनाव

मन्त्रीजी पहुँचे तुरत, 'लोकतन्त्र' के गाँव।
बोले – 'अब.. इस बार भी, देना सबको दाँव।।
देना सबको दाँव, यही 'संकल्प' हमारा।
आए आम चुनाव, सिवा इसके क्या चारा?'
कह जोशी कविराय – 'तभी.. 'मतदाता' बोला।
'बदलेगा इस बार, तुम्हारे 'पद' का चोला'।।

१८. चोलीवाला गीत

सत्ता से 'लछमी' मिले, लछमी से संसार।
बिन लछमी सम्भव नहीं, जीवन का उद्धार।।
जीवन का उद्धार, कहाँ, कब, कैसे होता?
चिन्तन में इस बार, अचानक डूबा तोता।।
कह जोशी कविराय – 'सुनो मेरे हमजोली!
चोलीवाला गीत सुना दो' – मैना बोली'।।

१९. उद्घोष

'जीवनसाथी चुन लिया' – बेटी का उद्घोष।
मम्मी/पापा ने कहा – 'ख़ाली सारा कोष'।।
ख़ाली सारा कोष, रचा लो फिर भी.. शादी।
अब.. इसमें क्या दोष ? बची धन की बरबादी'।।
कह जोशी कविराय – 'तभी.. 'बेटी' मुसकाई।
बोली – 'मन्त्री संग, कर चुकी प्रेम सगाई'।।

२०. गुण्डा

'बहू चुनी मैंने स्वयं' – बेटे का एलान।
मम्मी/पापा रो रहे – 'गाज गिरी, भगवान!
गाज गिरी, भगवान ! ज़िन्दगी मिटी, हमारी।
बिन दहेज कल्याण, व्यवस्था बिगड़ी सारी'।।
कह जोशी कविराय – 'तभी..'बेटी' यह बोली।
'मैंने कल ही रात, चुना 'गुण्डा' हमजोली'।।

२१. मेरा प्रतिशत

'लछमी भी आई नहीं' – गरजा थानेदार।
और तभी.. आकर रुकी, भारी महँगी कार।।
भारी महँगी कार, देख, 'सन्त्री' घबराए।
थाने पहली बार, कुटिल 'मन्त्रीजी' आए।।
कह जोशी कविराय – 'कुपित हो, 'वे' चिल्लाए।
'मेरा 'प्रतिशत' आज, दरोगा ! क्यों ना लाए?'

२२. पद की लीला

पत्नी पंखा झल रही, 'नेताजी' बीमार।
भूतपूर्व वे स्वतः ही, त्वरित गिरी सरकार।।
त्वरित गिरी सरकार, कष्ट यह कितना भारी!
अब.. जीना बेकार, व्यथा 'कुर्सी' की सारी।।
कह जोशी कविराय – 'विकटतम पद की लीला'।
कर यह गहन विचार, हँसी मन ही मन शीला'।।

२३. मेवा

पत्नी से करके प्रणय, बोले घासीराम।
'तुमने जितवाया, प्रिये ! यह जीवन संग्राम।।
यह जीवन संग्राम, वीर को 'विजय' दिलाता।
सब 'सुख' दे अविराम, 'प्रतिष्ठा' यही बढ़ाता'।।
कह जोशी कविराय – 'करो पत्नी की सेवा।
पाओ स्वतः विशेष, सदा जीवनभर मेवा'।।

२४. नेता क्यों मोटे ?

'नेता क्यों मोटे हुए ?' – जनता करे सवाल।
चमचों ने उत्तर दिया – 'भारत बड़ा विशाल।।
भारत बड़ा विशाल, यहाँ की जनता भोली।
करती खूब कमाल, झेलती खुद पर गोली'।।
कह जोशी कविराय – 'अचानक 'नेता' बोले।
'मन्त्रीपद ने द्वार, आज 'क़िस्मत' के खोले'।।

२५. अप्सरा रूप

मिली 'सुन्दरी' साब से, बोली – 'मन बेचैन।
मेरा दिल वश में नहीं, प्रतिदिन दुख में रैन।।
प्रतिदिन दुख में रैन, ना पकी मन की खिचड़ी।
तुमसे लागे नैन, दशा जीवन की बिगड़ी'।।
कह जोशी कविराय – 'नयन 'साहब' के बोले।
'देख अप्सरा रूप, हृदय किसका न डोले?'

२६. निरन्तर चिन्तन

दादी फिर.. खिल खिल हँसी, सुन 'चोली' का गीत।
बोली – 'नवयुग को स्वतः, नग्नचित्र से प्रीत।।
नग्नचित्र से प्रीत, युवतियाँ ना शरमाएँ।
बड़ी ग़ज़ब यह रीत, किसे, कितना समझाएँ?'
कह जोशी कविराय – 'निरन्तर चिन्तन जारी।
धन्य धन्य यह देश, जहाँ वश में ना नारी'।।

२७.   बड़ा विकट संसार

खूसट 'बुढ़िया' से किया, जब.. 'भोला' ने प्यार।
चकित 'पड़ोसन' ने कहा - 'बड़ा विकट संसार।।
बड़ा विकट संसार, मिली जब से आज़ादी।
दिखता नहीं सुधार, सफल हो कैसे शादी?'
कह जोशी कविराय - 'पद्मिनी क्या कर पाए?
बदसूरत,   बेकार,   मेंढकी   जिसको   भाए'।।

२८.   आना/जाना

पत्नी बोली फ़ोन पर - 'सुन लो, मेरे राम!
तुम बिन यह जीवन दुखी, कहाँ मिले विश्राम?
कहाँ मिले विश्राम ? ज़िन्दगी चलता पहिया।
कब तक यह संग्राम ? बता दो अब.. तो, सैंया!'
कह जोशी कविराय - 'पिया बोला मस्ताना।
'चलता रहता, मीत ! जगत में आना/जाना'।।

२६.   रोग पुराना

रोगी ने गाकर कहा - 'मेरा करो इलाज।
डॉक्टर बाबू ! मत डरो, क्यों इतने नाराज़?
क्यों इतने नाराज़ ? फ़ीस अपनी बतलाओ।
मरे मरे से आज, कहीं भोजन कर आओ'।।
कह जोशी कविराय - 'रोक दो गाना वाना'।
बोले डॉक्टर साब - 'तुम्हें यह 'रोग' पुराना'।।

३०. साड़ियाँ

'तुम कितने अच्छे पिया !' सुन सजनी का शोर।
था पहला 'अवसर', मगर, अद्भुत खुश चितचोर।।
अद्भुत खुश चितचोर, घटाएँ सुख की छाईं।
अमृत चारों ओर, बरसता दिया दिखाई।।
कह जोशी कविराय – 'सजन ने कारण जाना।
'महँगी, नई उधार, साड़ियाँ उसको लाना'।।

३१. कुढ़ापा

खाट पड़ा 'बूढ़ा' चिढ़ा – 'खाना दुर्लभ रोज़।
पानी तक मिलता नहीं, घर में कितनी फोज!
घर में कितनी फोज ! मगर, सुनती ना कहना।
बाहर नित सहभोज, मुझे तो भूखों मरना'।।
कह जोशी कविराय – 'बुढ़ापा जिसका आया।
अनुभव, दुख के द्वार, 'कुढ़ापा' उसको लाया'।।

३२. गहरी बात

कहा मित्र ने हो मुदित – 'क्यों भरते हो आह?
सुनो दुबेजी ! ध्यान से, करो तीसरा 'ब्याह'।।
करो तीसरा 'ब्याह', चकाचक 'मस्ती' छानो।
यह है सुख की राह, गीत 'चोली' का जानो'।।
कह जोशी कविराय – 'दुबेजी झट घबराए।
बोले – 'गहरी बात, सुनी तो चक्कर आए'।।

३३. चेन सोने की

'क्रोध 'अग्नि' सम मत करो, ना तोड़ो विश्वास'।
प्रिय बोला – 'हँसती रहो, दो अनुपम आभास।।
दो अनुपम आभास, मिटा दो काँटे दुख के।
कुछ तो डालो घास, फूल तुम बाँटो सुख के'।।
कह जोशी कविराय – 'वचन ये सुन तब.. सजनी।
बोली – 'अभी दिलाव, चेन सोने की वज़नी'।।

३४. अप्सरा

प्रेम किया, फूटे करम, जीवन आग समान।
बाढ़ तुल्य चिन्ता बढ़ी, पर्वत सम व्यवधान।।
पर्वत सम व्यवधान, सजल आँखें पथराईं।
नष्ट सहज मुसकान, जवानी दुख में आई।।
कह जोशी कविराय – 'मदन चिन्ता में भारी।
पलटी, करके प्यार, 'अप्सरा' सम ही नारी'।।

३५. फाँसी

'प्यार किया, चोरी नहीं की मैंने इस बार।
थाने में चाहे मुझे, बन्द करो, सरकार!
बन्द करो, सरकार ! स्वयं ही 'राज' चलाओ।
मानेगा संसार, जन्मभर 'रिश्वत' खाओ'।।
कह जोशी कविराय – 'नशे में था चपरासी।
बोला – 'साब ख़राब, चढ़ा दो इनको फाँसी'।।

३६. खेले दाँव

'चिढ़ती हो कितनी अधिक ? कभी कभी मुसकाव'।
पत्नी से बोले पिया – 'दुख में मन की नाव।।
दुख में मन की नाव, 'प्रणय' कर तुमसे हारा।
कितने खेले दाँव ? समय ने किया किनारा'।।
कह जोशी कविराय – 'तुरत 'पत्नी' गुर्राई।
'तुम्हें 'पड़ोसन' संग, जवानी फिर.. क्यों छाई?'

३७. शोला

'प्रतिदिन.. सूरज की तरह, तपता प्रखर स्वभाव'।
'भौजी' देवर पर चिढ़ी – 'खाते कितना ताव?
खाते कितना ताव ? कभी 'अमृत' भी घोलो।
खुद के ऊँचे भाव, कभी कमतर भी तोलो'।।
कह जोशी कविराय – 'चहक 'देवर' यह बोला।
'अब.. तो गले लगाव, मुझे तुम लगती शोला'।।

३८. उत्तर

'तुम कितने निर्दय 'पिया' ! घोर दुखद आभास'।
सजनी ने चिट्ठी लिखी – 'क्यों तोड़ा विश्वास?
क्यों तोड़ा विश्वास ? तनिक कारण समझाते।
मुझे बुलाकर पास, 'प्रणय' से गले लगाते'।।
कह जोशी कविराय – 'पिया का 'उत्तर' आया।
'भारी भैंस समान, घटाओ तुम निज काया'।।

३९. झूठा सपना

'फुला फुला मुँह सर्वदा, क्यों मुझसे नाराज़?
अन्य संग हँसते बहुत, बदलो विकट मिज़ाज।।
बदलो विकट मिज़ाज, कमल सम ही मुसकाओ।
अद्भुत यही इलाज' - प्रिया बोली - 'सुख पाओ'।।
कह जोशी कविराय - 'तब.. बहक बोला सजना।
'तुम देखो हर बार, इक यही झूठा सपना'।।

४०. आराम

आजीवन हँसते रहो, ले पत्नी का नाम।
ज्ञान विलक्षण ही सुनो, 'पत्नी से आराम'।।
'पत्नी से आराम', नींद भी यही उड़ाती।
रोज़ खुशी के जाम, स्वयं ही सहज पिलाती।।
कह जोशी कविराय - 'सुनो 'पत्नी' का कहना।
वरना.. दुर्लभ, मीत ! जगत में सुख से रहना'।।

४१. ख़बर

हीरो ने चूमे सहज, हीरोइन के गाल।
देख दृश्य लाजे मरी, दुनिया भई निढाल।।
दुनिया भई निढाल, तुरत 'मन्त्री' से बोली।
'बुरे हमारे हाल, बची तन पर बस.. चोली'।।
कह जोशी कविराय - 'तनिक भी मत घबराओ'।
बोले 'मन्त्री' रूठ - 'ख़बर यह अभी छपाओ'।।

४२. बोली साली

'नित्य 'प्रणय' के नाम पर, मुक्त देह व्यापार।
कितना आगे बढ़ गया, प्रगतिशील संसार!
प्रगतिशील संसार ! अनर्थों का उत्पादक।
इसका हर व्यवहार, सदा ही भारी भ्रामक'।।
कह जोशी कविराय – 'प्रणय की बात निराली'।
जीजा से कल रात, यही.. हँस, बोली साली'।।

४३. राय

'हर पल तो भौंहें तनीं, यही तुम्हारा प्यार'।
रानी से बोले तुरत, राजा खाकर हार।।
राजा खाकर हार, कक्ष में अपने सोए।
'बहुत बुरे भरतार' – यही कह 'रानी' रोए।।
कह जोशी कविराय – 'अगर, हो 'प्रणय' निभाना।
सुनो हमारी राय, करो मत रोना गाना'।।

४४. हँसी कुमारी

'प्रीत मिटाती विश्व को, यह ही जगत रचाय।
इसकी लीला तो कभी, मनुज समझ ना पाय।।
मनुज समझ ना पाय, सूक्ष्म यह सबसे ज़्यादा।
कुछ तो करो उपाय, 'प्रणय' में भारी बाधा'।।
कह जोशी कविराय – बोल यह, हँसी कुमारी।
हमने बोला – 'आप बनो जल्दी संसारी'।।

४५. सारी रामायण

'प्यार किसे कहते पिया ? मुझे बता दो आज'।
सजनी रोई – 'सजन ! तुम, आख़िर क्यों नाराज़?
आख़िर क्यों नाराज़ ? कहो सारी रामायण।
नित्य बिगाड़े काज, विपुल 'धन' का पारायण'।।
कह जोशी कविराय – 'कुपित यह बोला सजना।
'मुझको लानी कार, तुरत बेचो हर गहना'।।

४६. मन की बीना

'पत्नी महँगी साड़ियाँ, ले आती चुपचाप।
लछमी घर में ना टिके, पति को यह सन्ताप।।
पति को यह सन्ताप, पिलाती 'पत्नी' पानी।
पत्नी सबकी बाप, बताते ज्ञानी/ध्यानी'।।
कह जोशी कविराय – 'सिखाती पत्नी जीना।
रचती सुख संसार, गुँजाती मन की बीना'।।

४७. सनका थानेदार

'चतुर खिलाड़ी हो पिया ! 'प्रेम' तुम्हारा खेल।
तुम्हें 'दरोगापद' मिला, जाते प्रतिदिन जेल।।
जाते प्रतिदिन जेल, हृदय मेरा घबराता।
ढचरा जीवन रेल, यही 'अनुभव' बतलाता'।।
कह जोशी कविराय – 'सुने 'पत्नी' के ताने।
सनका थानेदार – 'प्रिये ! चल अब.. तो थाने'।।

४८. प्रेम परिणाम

'सारा जीवन लिख दिया, मैंने तेरे नाम।
पर, तूने मुझको किया, दुनिया में बदनाम।।
दुनिया में बदनाम, किसी को नहीं सुहाता।
निश्चित आठों याम, दुःख वह गले लगाता'।।
कह जोशी कविराय – 'डूबता बोला सजना।
'यही प्रेम परिणाम, अधूरा मन का सपना'।।

४९. प्रेमपत्र

'प्रेमपत्र किसको लिखा ?' आगबबूला बाप।
बेटी ने हँसकर कहा – 'कुछ मत पूछो आप।।
कुछ मत पूछो आप, ग़ज़ब की रामकहानी।
जीवन के सन्ताप, मिटाती भरी जवानी'।।
कह जोशी कविराय – 'तभी 'दादी' चिल्लाई।
'इसने काटी नाक, रची खुद प्रेम सगाई'।।

५०. छोले

पुलिस खड़ी, हँस बोल दी, देकर उलटा हाथ।
'यह गाड़ी रोको तुरत, समझो मन की बात।।
समझो मन की बात, सभी कागज़ दिखलाओ।
पल दो पल का साथ, 'नोट' अब.. तो बरसाओ'।।
कह जोशी कविराय – 'रुके 'नेताजी' बोले।
'मत पालो सन्ताप, खिला दो अब.. तो छोले'।।

५१. होली

'क्यों रोती रहती सदा ? कभी निकट तो आव'।
सजनी से बोला सजन – 'मन में गहरे घाव।।
मन में गहरे घाव, 'प्रणय' कर, सहज मिटाओ।
जीवन 'स्वर्ग' बनाव, जगत से पार कराओ'।।
कह जोशी कविराय – 'बिलखती पत्नी बोली।
'रोज़ खेलते आप, 'पड़ोसन' से ही होली'।।

५२. बुद्धू

अवसर आया हाथ में, सम्मुख आम चुनाव।
नेता ने भाषण दिया – 'चन्दा ख़ूब उगाव।।
चन्दा ख़ूब उगाव, विपुल धन हड़पो, भैया!
हर पल तेज चलाव, डूबती जीवन नैया'।।
कह जोशी कविराय – 'बोल 'चमचे' गुस्साए।
'पाँच वर्ष के बाद, लौट घर 'बुद्धू' आए'।।

५३. बोले कक्का

'लछमी से 'अमृत' मिले, ये ही विष का मूल।
पहलवान बनता गधा, जब.. लछमी अनुकूल।।
जब.. लछमी अनुकूल, सफल जीवन हो जाता।
अगर, यही प्रतिकूल, मनुज नित कष्ट उठाता'।।
कह जोशी कविराय – 'ज्ञान यह सबसे पक्का'।
काकी से कल रात, स्वप्न में बोले कक्का'।।

५४. कैसा मायाजाल?

बाबू पर चीखे बहुत, 'अफ़सर' लल्लूलाल।
'तुमने पहुँचाया नहीं, घर 'रिश्वत' का माल।।
घर 'रिश्वत' का माल, रहे, तो मन घबराए।
कैसा मायाजाल ? ग़ज़ब का सर चकराए'।।
कह जोशी कविराय – 'तुरत 'बाबू' यह रोए।
'सट्टा खाया आज, अभी.. सब पैसे खोए'।।

५५. पत्नी की माया

बिन पत्नी निश्चित स्वतः, जीवन जैसे धूल।
त्वरित उगा सकती 'प्रिया', काँटों में भी फूल।।
काँटों में भी फूल, घोर विस्मय की बातें।
प्रिया मिटाती शूल, इसी से उजली रातें।।
कह जोशी कविराय – 'ग़ज़ब 'पत्नी' की माया।
जो जाने, वह 'पीर', नहीं तो.. दुख में काया'।।

५६. लछमी ना आई

'धन आधारित हो चुके, दुनिया के सब काम'।
सूरज से बोली यही, दुख में डूबी शाम।।
दुख में डूबी शाम, निराशा भीषण छाई।
नाम बहुत बदनाम, किन्तु 'लछमी' ना आई।।
कह जोशी कविराय – 'इसी चिन्ता में मन्त्री'।
'मन्त्रीजी ! 'धन' खाव' – झूम यह बोला सन्त्री'।।

५७. ज्ञानी पुत्र

'ज्ञान पिलाते नित सदा, कर भारी अपमान।
केवल 'बाबू' हो, मगर, साहब सा अभिमान।।
साहब सा अभिमान, भयंकर दुख ही देता।
दूर करो अज्ञान, पिताजी !' – बोला बेटा।।
कह जोशी कविराय – 'तभी.. 'मम्मी' मुसकाई।
बोली – 'ज्ञानी पुत्र ! बात यह 'सत्य' बताई'।।

५८. गधे का बाप

सजनी बोली – 'मैं दुखी, 'ससुर' गधे का बाप।
नित विचित्र 'नाटक' करे, व्यर्थ घोर सन्ताप।।
व्यर्थ घोर सन्ताप, 'पड़ोसन' हँसती जाए।
पूर्वजन्म के पाप, जवानी शोर मचाए'।।
कह जोशी कविराय – 'सजन यह सुन मुसकाया।
बोला – 'गर्दभराज शरण में इस पल आया'।।

५९. देशभक्ति का गीत

'काम तनिक भी ना हिले, 'बहू' अक़्ल से भैंस'।
सास कहे – 'मैं तो दुखी, मन को भारी क्लेस।।
मन को भारी क्लेस, किसे रोना यह रोना?
अपना 'भारत' देस, उगलता पल पल सोना'।।
कह जोशी कविराय – 'बहू ने झट फ़रमाया।
'देशभक्ति का गीत, सास ने सुन्दर गाया'।।

६०. नेता मुसकाए

'सबको सुख देता सदा, छोटा सा परिवार।
आबादी भारी बढ़ी, दुविधा का अम्बार।।
दुविधा का अम्बार लगा, 'नेता' मुसकाए।
कुछ चमचों ने हार, गले में झट पहनाए'।।
कह जोशी कविराय – 'पड़ोसन 'श्रोता' बोली।
'नौ बच्चों के बाप, सीख की देते गोली'।।

६१. अड़ियल घोड़े

प्रिय पत्नी रोने लगी, बोली – 'राजा साब!
तुम अड़ियल घोड़े बड़े, टूटे सारे ख़्वाब।।
टूटे सारे ख़्वाब, 'व्यथा' यह किसको कहना?
अब.. यह घर 'पंजाब', अतः, नित चुप चुप रहना'।।
कह जोशी कविराय – 'अगर, हो सुख से जीना।
विष पत्नी के नाम, सदा 'शिव' जैसा पीना'।।

६२. पग पग रावण

मुदित 'प्रिया' बोली थिरक – 'सुन लो, मेरे राम!
आज दशहरे की करो, अदभुत/सुन्दर शाम।।
अदभुत/सुन्दर शाम, पटाखे साथ बुलाना।
होगा ऊँचा नाम, भ्रष्ट 'रावण' सजवाना'।।
कह जोशी कविराय – 'यही 'स्वामी' का कहना।
'पग पग 'रावण' आज, मुझे घर पर ही रहना'।।

६३.   नैतिकता घिघियाय

'न्यायालय कहते किसे ? जहाँ नित्य अन्याय।
डॉक्टर रोगी 'वित्त' के, अब क्या शेष उपाय?
अब क्या शेष उपाय ? किसी को भी ना चैना।
नैतिकता घिघियाय' – दुःख में डूबी मैना।।
कह जोशी कविराय – 'मटकता बोला तोता।
'क्या विचित्र व्यापार, विश्व में प्रतिदिन होता!'

६४.   नोट की गड्डी

रिश्वत खाना चल रहा, दे दो, ले लो आप।
काम कराना हो, अगर, मत पालो सन्ताप।।
मत पालो सन्ताप, नोट की 'गड्डी' लाओ।
अपने सारे 'पाप', बिना चिन्ता धुलवाओ।।
कह जोशी कविराय – 'साब जब.. 'रिश्वत' लेते।
कुछ ना कुछ उपहार, 'व्यक्ति' को निश्चित देते'।।

६५.   गोलमटोल

'जब जब रस्तों पर चले, 'पत्नी' खाती झोल।
क़िस्मत भी कितनी ग़ज़ब ! 'स्वामी' गोलमटोल।।
स्वामी गोलमटोल, उड़ाता हँसी ज़माना।
बिगड़ा घर का तोल' – यह बका 'भेरू' काना।।
कह जोशी कविराय – 'मुटापा जिसको आए।
वह 'जोकर' का बाप, हँसी अपनी उड़वाए'।।

६६. मूल विवाद

पति/पत्नी में ठन गई, 'लछमी' मूल विवाद।
कौन हार माने भला ! बढ़ा विकट संवाद।।
बढ़ा विकट संवाद, पुलिस गाड़ी में आई।
नारकीय अवसाद, ख़बर 'पेपर' में छाई।।
कह जोशी कविराय – 'ज़माना कितना आगे!
टूटे कल ही रात, 'मिलन' के पक्के धागे'।।

६७. गोरी नारी

'प्रेम करो, जग से तरो' – पत्नी का आदेश।
झट सरकारी यान से, 'स्वामी' उड़े विदेश।।
'स्वामी' उड़े विदेश, खोज ली 'गोरी' नारी।
बदला नव परिवेश, 'प्रणय' की महिमा न्यारी।।
कह जोशी कविराय – 'ख़बर 'पत्नी' को आई।
'पति माना आदेश, रचाई 'प्रेम' सगाई'।।

६८. तेवर/घेवर

'सरकारी वाहन सुलभ, 'सजन' घूमते रोज़।
वे करते ही नित्यशः, प्रिय 'लछमी' की खोज।।
प्रिय 'लछमी' की खोज, विश्व का मन बहलाती।
इससे रवि सम ओज' – गीत यह सजनी गाती।।
कह जोशी कविराय – 'ग़ज़ब अफ़सर के तेवर।
सत्य सत्य यह बात, 'गधे' ही खाते घेवर'।।

६६. मज़ा

'अब.. तो हद कर दी, सजन ! रोज़ सुरा अस्नान'।
रोती 'पत्नी' ने कहा - 'स्वामी ! आप महान।।
स्वामी ! आप महान, भयंकर ग़दर मचाते।
चोलीवाला गीत, नित्य 'गर्दभ' सम गाते'।।
कह जोशी कविराय - 'बोल 'स्वामी' हरषाया।
'दारू ख़ूब पिलाव, मज़ा अब.. तक ना आया'।।

७०. अरज

'नवलवधू' रोई - 'पिया ! चलो हमारे गाँव।
मन पर्वत जैसा दुखी, वहाँ घनेरी छाँव।।
वहाँ घनेरी छाँव, इस शहर 'गरमी' भारी।
अब.. क्यों खाते ताव ? 'अरज' यह सुनो हमारी'।।
कह जोशी कविराय - 'निकट आ बोले सैंया।
'मूरख नहीं बनाव, गले निज डालो बैंया'।।

७१. सरकारी माया

मन्त्रीजी 'बादल' बने, 'धन' की पड़ी फुहार।
चमत्कार अद्भुत बहुत, 'लछमी' घर के द्वार।।
'लछमी' घर के द्वार, सुहाना मौसम छाया।
जीवन बेड़ा पार, ग़ज़ब सरकारी माया।।
कह जोशी कविराय - 'कहानी कितनी प्यारी!
मन में ख़ुशी अपार, दे रही 'जनता' गारी'।।

७२. कुर्सी का रोग

मन्त्रीजी 'पागल' स्वतः, था 'कुर्सी' का रोग।
पण्डित ने आकर कहा – 'भारी अद्भुत जोग।।
भारी अद्भुत जोग, बरसना अब.. 'धन', भैया!
बिठवा दो आयोग, बहेगी 'लछमी' मैया'।।
कह जोशी कविराय – 'हँसे, फिर.. 'मन्त्री' बोले।
'पण्डितजी ने आज, द्वार 'सत्ता' के खोले'।।

७३. धनलोभी

'स्वामी 'धनलोभी' विकट, मन विचलित दिनरात।
भरी जवानी यह कहे, तनिक सुने ना बात।।
तनिक सुने ना बात' – कुपित चीखी घरवाली।
'रोज़ नए आघात, सदा बरसाते गाली'।।
कह जोशी कविराय – 'लोभ जिसके मन भारी।
वही चलाता नीच, गले अपनों के आरी'।।

७४. जीवन रैना

पत्नी घर की देवता, पत्नी पक्की पीर।
बिन 'लछमी' रहती सदा, पत्नी बहुत अधीर।।
पत्नी बहुत अधीर, रहे, तो 'प्रियतम' रोता।
बात बहुत गम्भीर, पड़ा चिन्ता में तोता।।
कह जोशी कविराय – 'हँसी, फिर.. बोली मैना।
'सजन ! तुम्हारे साथ, विकट यह जीवन रैना'।।

७५. पत्नी वन्दन

'पत्नी सबसे प्रिय सखी, पत्नी ही सुखधाम।
बिन पत्नी सम्भव नहीं, घर के सारे काम।।
घर के सारे काम, चलाना 'पत्नी' जाने।
नित रच रच आयाम, वही मारे भी ताने'।।
कह जोशी कविराय – 'हृदय से पत्नी वन्दन।
देता महक अपार, बनाता जीवन चन्दन'।।

७६. पड़ोसन

चमकी बिजली की तरह, शब्दों की तलवार।
स्वामीजी घायल पड़े, विकट 'प्रिया' की मार।।
विकट 'प्रिया' की मार, 'पड़ोसन' तक घबराई।
'बड़ी ग़ज़ब यह नार', प्रशंसा सबसे पाई।।
कह जोशी कविराय – 'दृश्य यह कितना प्यारा?
मन अम्बर में आज, खुशी का उगा सितारा'।।

७७. सच्चा ज्ञानी

पत्नी दुख देती बहुत, फिर भी.. करती प्यार।
इससे ही अद्भुत सुखी, सारा घर संसार।।
सारा घर संसार, चतुर 'पत्नी' चमकाए।
इसके बिना अपार, घोर अँधियारा छाए।।
कह जोशी कविराय – 'वही 'नर' सच्चा ज्ञानी।
जो प्रसन्न स्वयमेव, पिला पत्नी को पानी'।।

७८. रूपसी कन्या

जिसे मिली गोरी 'प्रिया', वह 'शशि' सम हरषाय।
पर, काली के संग जो, वह मन मन पछताय।।
वह मन मन पछताय, किसे दुख रोए अपने?
स्वतः 'भस्म' हो जायँ, सुखद जीवन के सपने।।
कह जोशी कविराय – 'कुँआरे सारे सुन लो।
कैसी भी हो, यार ! 'रूपसी' कन्या चुन लो'।।

७९. अमृत

इस जग में सबसे मधुर, केवल 'पत्नी' नाम।
जो इसकी सेवा करे, उसको 'सुख' अविराम।।
उसको 'सुख' अविराम, कभी दुख नहीं सताए।
नभ सम रच आयाम, वही नर 'अमृत' पाए।।
कह जोशी कविराय – 'सुनो यह बात हमारी।
बिन पत्नी, सर्वत्र, पराजय 'प्रिय' की भारी'।।

८०. विपदा

बुढ़िया झोंपड़ में खड़ी, 'बस्ती' नदिया पार।
मज़दूरी दुर्लभ बड़ी, अँखियाँ बहती धार।।
अँखियाँ बहती धार, 'ग़रीबी' दुख की छाया।
बिछुड़ा सुख संसार, चिता पर बैठी काया।।
कह जोशी कविराय – 'धन्य 'लछमी' की माया।
इसके बिन संसार, सदा 'विपदा' में आया'।।

८१. फ़ैशन

'कपड़ा तन से घट रहा, फ़ैशन नित भरमाय।
अब.. भविष्य कितना सुखद ! कुछ भी समझ न आय।।
कुछ भी समझ न आय, विकट यह कैसा जीवन?
नारी के मन भाय, नित्य निज देह प्रदर्शन'।।
कह जोशी कविराय – 'नग्नता दुख दे मन को।
किसे लाज, अब.. कौन, ढँके निज सुन्दर तन को?'

८२. सट्टा

डेली 'सट्टा' चल रहा, मन मन खुश सरकार।
पर, जनता पर बढ़ रहा, निर्धनता का भार।।
निर्धनता का भार, बना सबकी लाचारी।
वर्धित लोभ अपार, कष्ट यह कितना भारी?
कह जोशी कविराय – 'अगर, हो 'भक्षक' शासन।
मानव जीवन रम्य, रहे ज्यों सूखा सावन'।।

८३. गरजा घरवाला

घरवाली चिन्तित, दुखी, नौकर था नाराज़।
बंगला 'कूड़ाघर' बना, छुट्टी का दिन आज।।
छुट्टी का दिन आज, घोर संकट गहराया।
था जिन जिन पर नाज़, सभी ने दिल ठुकराया।।
कह जोशी कविराय – 'तभी.. गरजा घरवाला।
'अपने दलबल साथ, द्वार पर पहुँचा साला'।।

८४. दलबदल

नेताजी ने 'दलबदल', किया हज़ारों बार।
मिला नहीं फिर भी.. कभी, मन्त्रीपद का भार।।
मन्त्रीपद का भार, ज़िन्दगी सफल कराए।
लछमी कर सिंगार, चरण नित सहज दबाए।।
कह जोशी कविराय – 'अजब 'सत्ता' की माया।
इसने लाखों बार, ग़ज़ब का रूप रचाया'।।

८५. परताप

लेना देना नित्यशः, 'रिश्वत' का परताप।
यही 'सभ्यता' इन दिनों, क्या कर लोगे आप?
क्या कर लोगे आप ? व्यवस्था सारी पक्की।
अतः, जगत उद्धार, चली 'लछमी' की चक्की।।
कह जोशी कविराय – 'घोर 'रिश्वत' की आँधी।
ऊँचे भवन विशेष, झर रही झर झर चाँदी'।।

८६. दौरे पर पंजाब

पत्नी बोली रोब से – 'चलो अभी.. बाज़ार।
लाना मुझको साड़ियाँ, कुछ मत करो विचार।।
कुछ मत करो विचार, तुम्हें अब.. किससे डरना?
मानूँगी आभार, बहा दो 'धन' का झरना'।।
कह जोशी कविराय – 'साब ने छेड़ा गाना।
'दौरे पर 'पंजाब', इसी पल मुझको जाना'।।

८७. गब्बर के शोले

'पैर क़ब्र में, पर, मुझे, नहीं दिया आराम'।
दादी ने रोकर कहा – 'दुख में डूबी शाम।।
दुख में डूबी शाम, व्यथा यह किसे सुनाना?
समझो, मेरे राम ! मुझे अब 'काशी' जाना'।।
कह जोशी कविराय – 'हँसे, फिर.. 'दादा' बोले।
'चलो देखने आज, फ़िल्म गब्बर के शोले'।।

८८. सत्ता प्रेम

लछमी से सत्ता मिले, 'सत्ता' द्वेष बढ़ाय।
जो सत्ता में ना रहे, प्रतिपल दुःख मनाय।।
प्रतिपल दुःख मनाय, करे 'कुर्सी' का चिन्तन।
इससे ही दुख पाय, नरक सम, सारा जीवन।।
कह जोशी कविराय – 'हमारा मानो कहना।
मरते दम तक, यार ! सदा 'सत्ता' में रहना'।।

८९. कुर्सी की पूजा

आसानी से मिल गई, जिसको 'कुर्सी', यार!
उसकी इस संसार से, जीवन नैया पार।।
जीवन नैया पार, कराती 'कुर्सी' न्यारी।
इसको कर स्वीकार, ज़िन्दगी अद्भुत प्यारी।।
कह जोशी कविराय – 'करो 'कुर्सी' की पूजा।
इससे सुन्दर काम, विश्व में अन्य न दूजा'।।

६०. साहब की सेवा

हर 'साहब' अधिकार पा, मन ही मन इतराय।
अधीनस्थ सारे, मगर, प्रतिदिन शोक मनायँ।।
प्रतिदिन शोक मनायँ, बुराई करें निरन्तर।
जो नित 'रिश्वत' खाय, वही ज्यों बने सिकन्दर।।
कह जोशी कविराय – 'करो 'साहब' की सेवा।
घर, ऑफ़िस में नित्य, सुलभ इससे ही मेवा'।।

६१. बिना लछमी

धन ही सबका देवता, धन ही सबका पीर।
जिसको 'रिश्वत' ना मिले, सचमुच वही अधीर।।
सचमुच वही अधीर, निरन्तर कष्ट उठाता।
बात बड़ी गम्भीर, 'वित्त' ही भाग्यविधाता।।
कह जोशी कविराय – 'बिना 'लछमी' सब सूना।
चाहे जिसको, यार ! लगाता 'धन' ही चूना'।।

६२. लछमी की माया

जिससे 'लक्ष्मी' दूर ही, वह प्रतिपल पछताय।
पर, जिस पर इसकी कृपा, वह प्रतिदिन मुसकाय।।
वह प्रतिदिन मुसकाय, जीत ज्यों दुनिया सारी।
'लछमी' दुःख बढ़ाय, जानता हर संसारी।।
कह जोशी कविराय – 'घोर यह 'कलयुग' छाया।
अब.. फैली सर्वत्र, विकट 'लछमी' की माया'।।

६३. राजनीति कलुषित

राजनीति कलुषित, विकट, आपस में लड़वाय।
विकट 'समय' अब.. आ चुका, विकल प्रजा घबराय।।
विकल प्रजा घबराय, निज 'व्यथा' किसे सुनाए?
जब.. 'नेता' पद पाय, वह कुटिल 'धन' ही खाए।।
कह जोशी कविराय – 'किसी से कुछ मत बोलो।
देख 'देश' के हाल, स्वयं की आँखें खोलो'।।

६४. खोटा अपना दाम

आम आदमी अतिविकल, महँगाई की मार।
तिस पर.. अपने देश में, दंगों की भरमार।।
दंगों की भरमार, देख 'दुनिया' घबराई।
पर, दुष्टों को, यार ! तनिक भी लाज ना आई।।
कह जोशी कविराय – 'दोष किसके सर देना?'
'खोटा अपना दाम' – हँसी, उत्तर दे मैना'।।

६५. वैमनस्य

भीषण फैली देश में, 'वैमनस्य' की आग।
प्रजा दुःख से रो रही, भारी फूटे भाग।।
भारी फूटे भाग, किसे वह 'व्यथा' बताए?
फन फैलाए नाग, हज़ारों लोग मिटाए।।
कह जोशी कविराय – 'राम क्या करें बिचारे!
निज स्वारथ में लीन, हमारे 'नेता' सारे'।।

६६. चमचों की भरमार

पग पग पर इस विश्व में, चमचों की भरमार।
इनके ही कारण स्वतः, साँसत में सरकार।।
साँसत में सरकार, धन्य चमचों की महिमा।
इनसे ध्वस्त अपार, सहज मानव की गरिमा।।
कह जोशी कविराय – 'रखें चमचों से दूरी।
वरना.. तो दिनरात, ज़िन्दगी दुख में पूरी'।।

६७. भैंस बदलेगी चोला

थुलथुल पत्नी ने कहा – 'सुनिए कृपानिधान!
देह मुटाती जा रही, भारी दुख में जान।।
भारी दुख में जान, रोग यह नित्य सताता।
खड़े हो चुके कान, हृदय कुछ समझ न पाता'।।
कह जोशी कविराय – 'हँसा, फिर.. 'स्वामी' बोला।
'कम खाने से, यार! भैंस बदलेगी चोला'।।

६८. पण्डित

'मन्त्र पढ़े सारे ग़लत, पर, 'पण्डित' मुसकाय।
दूल्हा/दुलहन की, मगर, शादी वही कराय।।
शादी वही कराय, उलट 'फेरे' पड़वाए।
खुद को 'बुद्ध' बताय, दक्षिणा ऊँची पाए'।।
कह जोशी कविराय – 'विकट पण्डित की वाणी।
उपजाती अज्ञान' – विहँस कल बोली काणी'।।

६६. घूमो हिन्दुस्तान

पत्नी झल्लाई बहुत, खा 'स्वामी' की जान।
बोली – 'गरमी में इसी, घूमो हिन्दुस्तान।।
घूमो हिन्दुस्तान, विकल यह मन बहलाओ।
दो मुझको सम्मान, कभी तो 'सुख' पहुँचाओ'।।
कह जोशी कविराय – 'बोल सजना मुसकाया।
'मायावी संसार, यहाँ किसने सुख पाया?'

१००. शिष्टाचार

कितना कितना इन दिनों, भीषण अत्याचार!
भारी 'रिश्वत' हो चुकी, अद्भुत शिष्टाचार।।
अद्भुत शिष्टाचार निभाता, वह 'सुख' पाता।
करके भ्रष्टाचार, सहज मन मन मुसकाता।।
कह जोशी कविराय – 'धन्य 'कलजुग' की माया।
इसने अतिविकराल, कष्टप्रद रूप रचाया'।।

१०१. पैसा अपना बाप

धुत्त 'साब' ने यह कहा – 'पैसा अपना बाप।
अधीनस्थ सारे सुनें, ना पालें सन्ताप।।
ना पालें सन्ताप, भरें 'धन' से घर अपने।
तत्क्षण कर लें आप, स्वयं पूरे सब सपने'।।
कह जोशी कविराय – 'तभी.. चीखा चपरासी।
'धोने सारे पाप, चलो, साहब ! अब.. कासी'।।

१०२. मौसम

स्वामी यह बोले – 'प्रिये ! मौसम सुन्दर आज।
चलो घूमने इस समय, क्यों बैठी नाराज़?
क्यों बैठी नाराज़ ? हृदय की बात बताओ।
हमको तुम पर नाज़, अब.. बहुत ना तड़पाओ'।।
कह जोशी कविराय – 'सनक 'सजनी' यह बोली।
'नहीं करो उपहास, भंग की खा 'दस' गोली'।।

१०३. बहुत लजाया

'भारत में बिकने लगी, निसदिन ख़ूब शराब'।
नेता ने पीकर कहा – 'हालत बड़ी ख़राब।।
हालत बड़ी ख़राब, प्रजा भारी दुख पाए।
सारा ग़लत हिसाब, कौन अब.. पार लगाए?'
कह जोशी कविराय – 'तभी.. 'श्रोता' चिल्लाया।
'पी.. नेताजी ! आज, आपने बहुत लजाया'।।

१०४. अवसर

चिरकुट 'नेता' ने कहा – 'अपनी जान लुटाव।
जो चाहो, पाओ तुरत, सिर पर आम चुनाव।।
सिर पर आम चुनाव, हटो मत पीछे साथी।
सुन्दर सभा बुलाव, ख़रीदो 'मकना' हाथी'।।
कह जोशी कविराय – 'निराला 'अवसर' आया।
अक्षय लक्ष्मी कोष, संग यह अपने लाया'।।

१०५. पीहर चली

पत्नी ने चिल्ला किया, घर में फिर.. उद्घोष।
'मैं इस पल 'पीहर' चली, तनिक नहीं सन्तोष।।
तनिक नहीं सन्तोष', पड़ोसी सुन हरषाए।
सजनी के मन रोष, सजन को 'चक्कर' आए।।
कह जोशी कविराय – 'दृश्य यह जिसने देखा।
चमकी उसके हाथ, भाग्य की 'स्वर्णिम' रेखा'।।

१०६. पदरक्षा

निज 'पदरक्षा' के लिए, 'मन्त्रीजी' हर बार।
घमासान प्रतिदिन करे, बड़ा विकट संसार।।
बड़ा विकट संसार, ग़ज़ब 'कुर्सी' की माया।
देती खुशी अपार, घनी 'सत्ता' की छाया।।
कह जोशी कविराय – 'सूत्र यह 'पक्का' जानो।
मन्त्रीजी के साथ, स्वयं को 'मन्त्री' मानो'।।

१०७. फागुनी रंग

'आज किनारा कर चले, कल तक थे जो संग।
तीव्र प्रकम्पित ही, अतः, जीवन का हर अंग।।
जीवन का हर अंग, सजन बिन सूना सूना।
चढ़ा फागुनी रंग, करे मन का दुख दूना'।।
कह जोशी कविराय – 'प्रिया चिन्ता में भारी।
बोले 'पति' कविराज – 'कुण्डली सुनो हमारी'।।

१०८. माल

मुखमण्डल था 'साब' का, गुस्से से फिर लाल।
पत्नी ने हँस यह कहा – 'क्यों इतने बेहाल?
क्यों इतने बेहाल ? कहानी मन की बोलो।
बदली बदली चाल, भेद इसका तुम खोलो'।।
कह जोशी कविराय – 'साब बोले, झल्लाए।
'ले रिश्वत का 'माल', लोग अब तक ना आए'।।

१०९. भीख

नेताजी ने 'भीख' में, सबसे माँगे वोट।
किन्तु, यत्न ऐसे किए, पहले बाँटे नोट।।
पहले बाँटे नोट, सुरा 'प्रिय' को पिलवाई।
मन की सारी खोट, सामने तब.. फिर आई।।
कह जोशी कविराय – 'तरीक़े ये जो जाने।
प्रजातन्त्र का मूल, वही सचमुच पहचाने'।।

११०. गोबर की खाद

जब.. 'नेताजी' निज नगर, पहुँचे वर्षों बाद।
तब.. मित्रों ने चिढ़ कहा – 'तुम गोबर की खाद।।
तुम गोबर की खाद, 'नोट' के पेड़ लगाते।
सचमुच रह आज़ाद, पाप से नहीं अघाते'।।
कह जोशी कविराय – 'कहा 'नेता' ने – 'यारो!
आए आम चुनाव, मुझे सब सहज उबारो'।।

१११. जीवन रेल

पत्नी ने कुढ़ यह कहा – 'स्वामी ! ला दो तेल।
वरना.. ठप होंगे त्वरित, घर के सारे खेल।।
घर के सारे खेल, खेलती मैं घबराई।
मेरी जीवन रेल, तुम्हीं से क्यों टकराई?'
कह जोशी कविराय – 'पिया बोला मुसकाया।
'बिन 'लछमी', संसार, सदा संकट में आया'।।

११२. दुख मिटवा दो

पत्नी बोली हँस पुनः – 'स्वामी ! बड़े महान।
विनती 'दुखिया' की सुनो, तुम अद्भुत मतिमान।।
तुम अद्भुत मतिमान, अभी 'साड़ी' दिलवा दो।
रख सजनी का ध्यान, हृदय के दुख मिटवा दो'।।
कह जोशी कविराय – 'पिया ने माथा ठोंका।
बोला – 'तुमसे प्यार किया, खुद खाया धोखा'।।

११३. बोला घासीराम

'बिन 'लछमी' दुनिया दुखी' – बोला घासीराम।
रोती पत्नी ने कहा – 'अटके सारे काम।।
अटके सारे काम, व्यवस्था बिगड़ी सारी।
चिन्ता आठों याम, हृदय में पीड़ा भारी'।।
कह जोशी कविराय – 'तभी.. बेटा चिल्लाया।
'बनिया अपने द्वार, माँगने पैसे आया'।।

११४. पूरा वेतन

'पूरा वेतन दो मुझे' – पत्नी का एलान।
स्वामी चिन्ता में पड़े, खड़े हो गए कान।।
खड़े हो गए कान, घटा चिन्ता की छाई।
बड़ा घोर अपमान, दुखों की वर्षा आई।।
कह जोशी कविराय – 'विकट पत्नी की माया'।
बोला 'पति' दुखमग्न – 'इसी ने बहुत नचाया'।।

११५. जीवन का चोला

'चाँद खिला, तारे हँसे, उजली उजली रात'।
चिन्तित पत्नी ने कहा – 'सुनो हृदय की बात।।
सुनो हृदय की बात, कार से 'पीहर' जाना।
भैया की बारात, गीत मुझको ही गाना'।।
कह जोशी कविराय – 'सजन तब.. हँस यह बोला।
'मुझे छोड़ना आज, अभी.. 'जीवन' का चोला'।।

११६. मेरा मन डोले

अधीनस्थ बोली, हँसी – 'साब ! ग़ज़ब हैं आप।
ऊपर तो 'शशि' सम मुदित, भीतर क्रोधित साँप।।
भीतर क्रोधित साँप, जिसे चाहो तुम डँसना।
भोग मरण सन्ताप, मिटे उसका हर सपना'।।
कह जोशी कविराय – 'साब गुस्से में बोले।
'दिव्य तुम्हारी देह, देख, मेरा मन डोले'।।

११७. मेघ चिन्ता के

साहब की 'पत्नी' हँसी, बोली – 'मेरे साथ।
बारिश में घूमो, चलो, थाम हृदय से हाथ।।
थाम हृदय से हाथ, कभी मत छोड़ो पल्ला।
वरना.. मेरे नाथ ! मचेगा जग में हल्ला'।।
कह जोशी कविराय – 'साब बोले मुसकाए।
'मेरे मन के द्वार, मेघ चिन्ता के छाए'।।

११८. भारतमाता

हिंसा की ज्वाला उठी, प्रजातन्त्र का बाग़।
चिन्ता से जलने लगा, कौन बुझाए आग?
कौन बुझाए आग ? स्वार्थ में डूबे सन्त्री।
गाते 'रिश्वत' राग, देश के अगणित मन्त्री।।
कह जोशी कविराय – 'बिलखती भारतमाता।
बोली – 'अब.. तो लाज रखो, हे जीवनदाता!'

११९. बन जाओ मंत्री

जनता सेवा में खड़ी, 'मन्त्रीजी' के द्वार।
पर, वे 'लछमी' में मगन, अस्थिर थी सरकार।।
अस्थिर थी सरकार, राजनीतिक यह महिमा।
धूमिल बारम्बार, देश की सारी गरिमा।।
कह जोशी कविराय – 'मित्र ! बन जाओ मन्त्री।
चमकाओ हर बार, स्वयं जीवन की जन्त्री'।।

१२०. आज़ादी

फ़ैशन की महिमा बढ़ी, 'दादी' लगे जवान।
चिन्तित 'दादा' ने कहा – 'बिखराओ मुसकान।।
बिखराओ मुसकान, 'योग' यह सुन्दर आया।
निकली मेरी जान, घोर संकट गहराया'।।
कह जोशी कविराय – 'तभी.. हरषाई दादी।
बोली – 'प्रिय भरतार ! मुझे अब.. दो आज़ादी'।।

१२१. मोटी भैंस

'तुम तो फैली जा रही, जैसे मोटी भैंस'।
घरवाला कलपा यही – 'मन को कितना क्लेस?
मन को कितना क्लेस ? सहज बिखरे सब सपने।
'निर्धन भारत देस' – रोज़ यूँ कहते अपने'।।
कह जोशी कविराय – 'हँसी, फिर.. 'पत्नी' बोली।
'दूर करो सन्ताप, अब.. चला मुझ पर गोली'।।

१२२. चमचे चिल्लाए

'राजनीति में 'धर्म' का, जब से स्वतः प्रवेश'।
नेता ने भाषण दिया – 'सुखी हमारा देश।।
सुखी हमारा देश, तनिक चिन्ता ना पाले।
स्वतः दूर सब क्लेश, बढ़े काले धन वाले'।।
कह जोशी कविराय – 'तभी.. 'चमचे' चिल्लाए।
'इस धरती पर आज, स्वर्ग 'नेताजी' लाए'।।

१२३. गधी से ब्याह

‘क्यों इतना चिल्ला रहे, जैसे फूटा ढोल’।
बीवी ने चिढ़ यह कहा – ‘अक़्ल तुम्हारी गोल।।
अक़्ल तुम्हारी गोल, पड़ा वर्षों से ताला।
अभी.. खुली यह पोल, मिला ‘मूरख’ घरवाला’।।
कह जोशी कविराय – ‘सजन यह कह गुर्राया।
‘मैंने करके प्यार, ‘गधी’ से ब्याह रचाया’।।

१२४. निरन्तर जाप

क्रोधित पत्नी ने कहा – ‘स्वामी ! सुन लें आप।
अभी.. कार लाना नई, यही निरन्तर जाप।।
यही निरन्तर जाप, मुझे कुछ भी ना भाए।
पूर्वजन्म के पाप, बदरवा दुख के छाए’।।
कह जोशी कविराय – ‘दुखी ‘स्वामी’ घबराया।
निकला लेने कार, ‘पड़ोसन’ से टकराया’।।

१२५. सौतन साथ

चिन्तित स्वामी ने कहा – ‘देवी ! सुन लो आज।
कुछ खाने को दो मुझे, नहीं रहो नाराज़।।
नहीं रहो नाराज़, ‘पेट’ सबको दुख देता।
रखना मेरी लाज, बनूँगा मैं भी नेता’।।
कह जोशी कविराय – ‘क्रुद्ध ‘पत्नी’ यह बोली।
‘खेली ‘सौतन’ साथ, आज क्यों तुमने होली?’

१२६. बटुआ

प्रियतम से बोली 'किरण', कर अभिनव सिंगार।
'पहनो तुम कपड़े नए, अभी.. चलो बाज़ार।।
अभी.. चलो बाज़ार, ख़रीदो 'मनभर' सोना।
करो मधुर व्यवहार, दुखी बिलकुल मत होना'।।
कह जोशी कविराय – 'भेद 'स्वामी' ने खोला।
'लछमीजी नाराज़, हमारा 'बटुआ' बोला'।।

१२७. सन्तुलन

'लछमी देवी रम्यतम, लछमी सबकी पीर।
लछमी से दूरी रखो, करती यही अधीर।।
करती यही अधीर, सन्तुलन क़ायम रखना।
पाकर सुख का तीर, मज़े जीवन के चखना'।।
कह जोशी कविराय – 'ज्ञान यह जिसने पाया।
उसने ही स्वयमेव, समूचा 'विश्व' नचाया'।।

१२८. बात बड़ी गम्भीर

'तुम कितने मोटे सजन ! 'हाथी' तुल्य शरीर'।
पत्नी रोई – 'क्या कहूँ ? मन में भारी पीर।।
मन में भारी पीर, मुझे प्रतिपल पछताना।
बात बड़ी गम्भीर, तुम्हें तो दिनभर खाना'।।
कह जोशी कविराय – 'तुरत 'स्वामी' मुसकाए।
बोले – 'मुझको देख, 'पड़ोसन' तक बलखाए'।।

१२९. वित्त की महिमा

अरबों का चन्दा हज़म, 'देश' दुखी हैरान।
कुछ 'नेता' पुलकित, मगर, अतिचिन्तित विद्वान।।
अतिचिन्तित विद्वान, अचानक 'चक्कर' आए।
नष्ट सहज मुसकान, सभी भीषण घबराए।।
कह जोशी कविराय – 'वित्त की महिमा न्यारी।
नेता बने महान, इसी से कई भिखारी'।।

१३०. चीखा चपरासी

'न्याय जुड़ा है 'वित्त' से' – बोले न्यायाधीश।
अभिभाषक जपने लगे – 'आप हमारे ईश।।
आप हमारे ईश, कृपा जल्दी ही करना।
देंगे पूरी फ़ीस, बहेगा 'धन' का झरना'।।
कह जोशी कविराय – 'तभी.. चीखा चपरासी।
'जो ना लाए 'माल', लगा दो उसको फाँसी'।।

१३१. प्यारी बहना

डॉक्टर ने हँस यह कहा – 'सिस्टर! आप महान।
स्वीकारो इस 'दीन' को, अब.. संकट में जान।।
अब.. संकट में जान, मुझे तुम लगती प्यारी!
करो 'प्रणय' का दान, रहूँगा मैं आभारी'।।
कह जोशी कविराय – 'रहा सिस्टर का कहना।
'बाँधे 'राखी' आज, तुम्हें यह प्यारी बहना'।।

१३२. झटका

'क्यों इतनी देरी हुई ?' प्रश्नों का अम्बार।
सजना ने उत्तर दिया – 'बाहर पाया प्यार'।।
'बाहर पाया प्यार', सुना तो सजनी दुखिया।
बोली – 'तुम बेकार, 'प्रिया' की उजड़ी दुनिया'।।
कह जोशी कविराय – 'पिया ने 'झटका' मारा।
'मैं तुमसे कर ब्याह, स्वतः ही 'जीवन' हारा'।।

१३३. बहकी मैना

'सजन ! मुझे दिखते सदा, कर्मों से शैतान।
तुम्हें लोग कहते, मगर, करुणालय भगवान।।
करुणालय भगवान ! विश्व को सम्मति देना।
भले हमारी जान, स्वयं चाहो, तो लेना'।।
कह जोशी कविराय – 'यूँ कुपित बहकी मैना।
तोता बोला – 'मीत ! 'प्रणय' से मन में चैना'।।

१३४. झूमा, बोला राम

'तुम भारी गन्दे पिया, पीते रोज़ गुलाब।
मेरी उजली ज़िन्दगी, कितनी अधिक ख़राब!
कितनी अधिक ख़राब ! अब.. मुझे जल्दी मरना।
टूटे सारे ख़्वाब, नित्य गाली का झरना'।।
कह जोशी कविराय – 'सुनी 'पत्नी' की बोली।
झूमा, बोला राम – 'अब.. चला मुझ पर गोली'।।

१३५. कुर्सी का ध्यान

'राजनीति गन्दी बहुत, उलटे सब अनुमान।
अब.. तो अपने देश के, उद्धारक भगवान।।
उद्धारक भगवान, मिटाते संकट सारे।
कर 'कुर्सी' का ध्यान, तुझे क्या करना प्यारे?'
कह जोशी कविराय – 'ज्ञान यह जिसको आया।
उसने सूर्य समान, उजाला मन में पाया'।।

१३६. विध्वंसक संग्राम

'जब से.. यह 'जीवन' किया, मैंने तेरे नाम'।
सजना ने चिट्ठी लिखी – 'विध्वंसक संग्राम।।
विध्वंसक संग्राम, निरन्तर भारी जारी।
मैं जग में बदनाम, कोसती 'दुनिया' सारी'।।
कह जोशी कविराय – 'प्रिया का 'उत्तर' आया।
'करना 'धन' से प्यार, पिता ने यही सिखाया'।।

१३७. सत्ता का अनुभव

ज्यों अन्धों की सायबी, घटाटोप का राज।
यह मौसम गरमा रहा, भारतभर में आज।।
भारतभर में आज, भयंकर मारामारी।
राजनीति नाराज़, बन चुकी प्रलंयकारी।।
कह जोशी कविराय – 'दिव्य 'सत्ता' का अनुभव।
नित्य कराता, मीत ! विश्व में सब कुछ सम्भव'।।

१३८. प्रणय का अर्थ

'जीवन जैसे हो चुका, विष में डूबा तीर'।
सिसक सिसक बोली 'प्रिया' – 'घाव बड़े गम्भीर।।
घाव बड़े गम्भीर, हृदय सूखे सा सूना।
तुमसे कितनी पीर ! पुष्प सम यह मन भूना'।।
कह जोशी कविराय – 'सजन बोला मुसकाया।
'प्रिये ! 'प्रणय' का अर्थ, गहन तुमने समझाया'।।

१३९. पलभर का मेला

'कौन, कहाँ, कब, क्यों, किसे, डँसे मनुज, यह ज्ञान।
जीवन सूरज सम करे, रखिए इतना ध्यान।।
रखिए इतना ध्यान, यही, नर 'देव' बनाए।
दो हमको सम्मान, आपको क्या समझाएँ?'
कह जोशी कविराय – 'जगत पलभर का मेला'।
प्रिय शिक्षक को आज, बहक यह बोला चेला'।।

१४०. लेखन सम्राट

कभी न थामी लेखनी, पर, लेखन सम्राट।
सचमुच ऐसे आदमी, निश्चित विकट, विराट।।
निश्चित विकट, विराट, लगाते सुख में गोते।
अद्भुत उनके ठाट, शीत झोंकों में सोते।।
कह जोशी कविराय – 'ना करो उनका वन्दन।
इससे जीवन शेष, महकना जैसे चन्दन'।।

१४१. दिवाला

'लो.. दीवाली आ चुकी, दो 'धन' का उपहार।
और तुम्हें अब.. क्या कहूँ ? तुम जीवन सिंगार।।
तुम जीवन सिंगार, मिटा दो सारे लफड़े'।
पत्नी बोली – 'मीत ! सिला दो सबके कपड़े'।।
कह जोशी कविराय – 'तुरत चीखा घरवाला।
'सट्टे में कल रात, ग़ज़ब का पिटा दिवाला'।।

१४२. परिदृश्य

'परम्पराएँ ढह रहीं' – रखा यही संवाद।
ज्ञानी आए 'विश्व' के, भारी छिड़ा विवाद।।
भारी छिड़ा विवाद, किसी को समझ न आया।
उद्घाटन के बाद, सभी ने पीया/खाया।।
कह जोशी कविराय – 'देख 'परिदृश्य' सुहाना।
मन में खुशी अपार, आ गया विकट ज़माना'।।

१४३. मन्त्री के काम

तपते सूरज ने कहा – 'मनुज ! होश में आव।
अद्भुत धरती दुखभरी, कुछ तो सुख पहुँचाव।।
कुछ तो सुख पहुँचाव, गन्दगी फैली भारी।
तन/मन स्वच्छ कराव, सुनो यह बात हमारी'।।
कह जोशी कविराय – 'बीच में उचकी मैना।
'ये 'मन्त्री' के काम, मुझे क्या लेना/देना?'

१४४. तूफ़ानी शुरुआत

संसद में 'नेता' कुपित, दे 'विपक्ष' को मात।
मानसून के सत्र की, तूफ़ानी शुरुआत।।
तूफ़ानी शुरुआत, प्रकम्पित सारे मन्त्री।
विद्युत सम आघात, गिरे चकरा झट सन्त्री।।
कह जोशी कविराय – 'दृश्य यह कितना सुन्दर!'
मुद्रित ख़बर सचित्र, मगन मन झूमा चन्दर'।।

१४५. यह परिहास

पत्नी से बोले तुरत, मुसकाते कविराज।
'मेरी नव रचना सुनो, मौसम अद्भुत आज।।
मौसम अद्भुत आज, घटाएँ सुख की छाईं।
फिर भी.. तुम नाराज़, विकट चिन्ता गहराई'।।
कह जोशी कविराय – 'लगी पत्नी यूँ रोने।
'छोड़ो यह परिहास, चली मैं कपड़े धोने'।।

१४६. वचन

'ऐसी वाणी बोलिए, जैसे मीठा आम'।
अतिक्रोधित पत्नी बकी – 'तुम भारी बदनाम।।
तुम भारी बदनाम, ज़माना हँसी उड़ाता।
निन्दनीय यह काम, प्रतिष्ठा तुरत गिराता'।।
कह जोशी कविराय – 'विकल 'प्रियतम' यह बोले।
'वचन तुम्हारे रोज़, तोप के छोड़े गोले'।।

१४७. हरिश्चन्द्र अवतार

सखियों से बोली सुधा – 'ये मेरे भरतार।
बस.. असत्य ही बोलते, हरिश्चन्द्र अवतार।।
हरिश्चन्द्र अवतार, 'महालछमी' को चाहें।
पीते रोज़ उधार, चढ़ा बस.. ऊँची बाहें'।।
कह जोशी कविराय – 'दुखी 'सखियाँ' हरषाईं।
बोलीं – 'पहली बार, बात तुम 'सत्य' बताई'।।

१४८. खा लो आगी

'यह 'सन्ध्या' जगमग बहुत, दीपों का त्योहार।
तुम कबसे सोई, उठो, 'लछमी' अपने द्वार।।
'लछमी' अपने द्वार, दो गरम, अद्भुत भोजन'।
बोला प्रिय भरतार – 'बना दो जीवन मोहन'।।
कह जोशी कविराय – 'प्रिया हड़बड़ में जागी।
बोली – 'जल्दी आप, पेटभर खा लो आगी'।।

१४९. भीतरघात

नेताजी हारे बुरे, भारी भीतरघात।
मन्त्रीपद कैसे मिले ? यह चिन्ता दिनरात।।
यह चिन्ता दिनरात, सजी कष्टों की डोली।
झरे स्वप्न के पात, रिक्त 'लछमी' की झोली।।
कह जोशी कविराय – 'दुखी 'पत्नी' यह बोली।
'दूर करो सन्ताप, नींद की खा 'दस' गोली'।।

१५०. भंग की गोली

'दिन में तारे दिख रहे, क्या अद्भुत संयोग!'
झूम झूम बोली 'प्रिया' – 'दिव्य 'प्रेम' का रोग।।
दिव्य 'प्रेम' का रोग, लगा यह बहुत पुराना।
बड़े विलक्षण भोग, क्यों दुखी नया ज़माना?'
कह जोशी कविराय – 'सजन उगला सच्चाई।
'लगता.. तुमने आज, 'भंग' की गोली खाई'।।

१५१. गड़बड़झाला

पत्नी ने रो रो कहा – 'साड़ी अभी दिलाव।
मन मेरा भारी दुखी, डूबी सुख की नाव।।
डूबी सुख की नाव, पर, तुम्हें लाज न आती।
गहरे गहरे घाव, जल रही मेरी छाती'।।
कह जोशी कविराय – 'हँसा, बोला घरवाला।
'धन अभाव से आज, स्वतः फिर.. गड़बड़झाला'।।

■ ■ ■ ■ ■

www.ingramcontent.com/pod-product-compliance
Lightning Source LLC
Chambersburg PA
CBHW050614160726
48003CB00003B/1177